BEI GRIN MACHT SICH IHR WISSEN BEZAHLT

- Wir veröffentlichen Ihre Hausarbeit, Bachelor- und Masterarbeit

- Ihr eigenes eBook und Buch - weltweit in allen wichtigen Shops

- Verdienen Sie an jedem Verkauf

Jetzt bei www.GRIN.com hochladen und kostenlos publizieren

Tim Berger

Subsidiarität

GRIN Verlag

Bibliografische Information der Deutschen Nationalbibliothek:

Die Deutsche Bibliothek verzeichnet diese Publikation in der Deutschen National-
bibliografie; detaillierte bibliografische Daten sind im Internet über http://dnb.d-
nb.de/ abrufbar.

Impressum:

Copyright © 2010 GRIN Verlag, Open Publishing GmbH
Druck und Bindung: Books on Demand GmbH, Norderstedt Germany
ISBN: 978-3-640-88689-0

Dieses Buch bei GRIN:

http://www.grin.com/de/e-book/170048/subsidiaritaet

GRIN - Your knowledge has value

Der GRIN Verlag publiziert seit 1998 wissenschaftliche Arbeiten von Studenten, Hochschullehrern und anderen Akademikern als eBook und gedrucktes Buch. Die Verlagswebsite www.grin.com ist die ideale Plattform zur Veröffentlichung von Hausarbeiten, Abschlussarbeiten, wissenschaftlichen Aufsätzen, Dissertationen und Fachbüchern.

Besuchen Sie uns im Internet:

http://www.grin.com/

http://www.facebook.com/grincom

http://www.twitter.com/grin_com

Facharbeit

Subsidiarität

Facharbeit im Kurs Gesellschaftswissenschaften

Carl-Severing-Berufskolleg für Wirtschaft und Verwaltung

vorgelegt von:

Tim Berger

Bielefeld, Oktober 2010

Inhaltsverzeichnis

1. Einleitung   3

2. Subsidiarität
   2.1 Definition und Herkunft   3
   2.2 Ziele des Subsidiaritätsprinzips   4
   2.3 Die positive und die negative Seite des Subsidiaritätsprinzips   4
   2.4 Anwendungsbereiche der Subsidiarität   5

3. Subsidiaritätsprinzip in den europäischen Verträgen
   3.1 Verträge und Verpflichtungen   5
   3.2 Reichweite des Subsidiaritätsprinzips   7
   3.3 Neuerungen durch den Vertrag von Amsterdam   7

4. Literaturen und Quellen   8

1. Einleitung

Die folgende Facharbeit beschäftigt sich mit dem Begriff der Subsidiarität. Der Grundgedanke der Subsidiarität in Europa lautet: *„Das Subsidiaritätsprinzip in Europa hat die Aufgabe, als Ordnungsprinzip die Kompetenzabgrenzung zwischen der Europäischen Union, den Mitgliedstaaten und den Ländern bzw. Regionen zu gewährleisten. Somit ist die Subsidiarität ein Garant für ein bürgernahes Europa."[1]* Ich versuche diesen Grundgedanken während meiner Facharbeit kurz und bündig zu erklären.

2. Subsidiarität

2.1 Definition und Herkunft

Das Wort Subsidiarität stammt von dem lateinischen Wort „subsidium", es bedeutet sinngemäß *„zurücktreten" oder „nachrangig sein"[2]* aber auch Hilfe oder Reserve. Die Subsidiarität ist ein, aus der katholischen Soziallehre entstammendes gesellschaftsethisches Prinzip, dass auf die Entfaltung der individuellen Fähigkeiten, der Selbstbestimmung und Selbstverantwortung abzielt. Nur dort, wo die Möglichkeiten eines Einzelnen bzw. einer kleinen Gruppe, wie eine Familie oder Gemeinde, nicht ausreicht, seine Funktionen wahrzunehmen, sollen staatliche Institutionen subsidiär eingreifen und helfen. Dabei steht die Hilfe zur Selbsthilfe an erster Stelle. Die erste konkrete Ausprägung erfuhr die Subsidiarität bzw. das Subsidiaritätsprinzip in der päpstlichen Sozialenzyklika „Quadragesimo Anno" vom 15. Mai 1931. Die Formulierung lautet:

„Wie dasjenige, was der Einzelmensch aus eigener Initiative und mit seinen eigenen Kräften leisten kann, ihm nicht entzogen und der Gesellschaftstätigkeit zugewiesen werden darf, so verstößt es gegen die Gerechtigkeit, das, was die kleineren und untergeordneten Gemeinwesen leisten und zum guten Ende führen können, für die weitere und übergeordnete Gemeinschaft in Anspruch zu nehmen; zugleich ist es überaus nachteilig und verwirrt die ganze Gesellschaftsordnung. Jedwede Gesellschaftstätigkeit ist ja ihrem Wesen nach subsidiär; sie soll die Glieder des Sozialkörpers unterstützen, darf sie aber niemals zerschlagen und aufsaugen." [3] Papst Pius XI[4]

Subsidiarität bedeutet also, dass die Eigenverantwortung vor dem staatlichen Handeln gestellt wird. Danach sollen öffentliche Aufgaben zuerst von untergeordneten, lokalen Gliedern wie z.B. Stadt, Gemeinde oder Kommune geregelt werden, während die übergeordneten Glieder zurücktreten. Erst wenn eine bestimmte Aufgabe von einem untergeordneten Glied nicht gelöst werden kann, wird die Aufgabe an ein übergeordnetes Glied weitergegeben.

Der Subsidiaritätsgedanke ist eine wichtige Grundlage der Europäischen Union, um die Organe der EU in ihrer europäischen Gesetzgebung zu beschränken. *„Im Rahmen der Gemeinschaft angewandt bedeutet das Subsidiaritätsprinzip, dass die Mitgliedstaaten die Zuständigkeiten behalten, die sie selbst am wirksamsten wahrnehmen können, und der*

---

[1] http://www.europa-reden.de/info/subsid.htm (Stand: 26.09.2010)

[2] http://www.hanisauland.de/lexikon/s/subsidiaritaet.html (Stand: 26.09.2010)

[3] Quadragesimo Anno, 15. Mai 1931 von Papst Pius XI. (Original in Italienisch)

[4] Pius XI. (* 31. Mai 1857 in Desio (Lombardei); † 10. Februar 1939 in Rom) war Papst von 1922 bis 1939. Pius XI. widmete sich nach Leo XIII. der Soziallehre und prägte diesen Begriff. In der Enzyklika Quadragesimo anno widmete er sich der Notwendigkeit des „gerechten Lohns".

Gemeinschaft die Befugnisse zukommen, die die Mitgliedstaaten nicht in befriedigender Weise ausüben können." [5]

2.2 Ziele des Subsidiaritätsprinzip

Das Subsidiaritätsprinzip verfolgt zwei gegenläufige Ziele. Einerseits erlaubt es der Gemeinschaft, tätig zu werden und zu helfen, wenn einmal ein Problem durch die eigenen Maßnahmen der Mitgliedstaaten nicht ausreichend gelöst werden kann. Andererseits soll dadurch die Zuständigkeit der Mitgliedstaaten in den Bereichen gewahrt werden, die durch ein gemeinschaftliches Vorgehen nicht besser geregelt werden können. Infolge der Einführung dieses Prinzips in die Europäische Union sollen Beschlüsse innerhalb der Gemeinschaft möglichst bürgernah getroffen werden.

2.3 Die positive und die negative Seite des Subsidiaritätsprinzips

Das Prinzip hat eine negative Seite, die man als "Funktionssperre" bezeichnen könnte, und auf der anderen Seite eine positive Seite, die als "Hilfe" bezeichnet werden kann. Die Funktionssperre, die negative Seite des Subsidiaritätsprinzips bedeutet, dass ein übergeordnetes Glied sich nicht einfach einer Aufgabe annehmen darf, welche ebenso gut von einem unterordneten Glied erledigt werden könnte. Diese sogenannte Funktionssperre dient also dem Schutz der Autonomie des Individuums, welches die untergeordneten Glieder in der gesellschaftlichen Schichtung einnehmen. Eine Aufgabe wird zuerst immer der tiefst möglichen Instanz zugewiesen. Tritt aber der Fall ein, dass die betreffende Instanz nicht in der Lage ist, egal aus welchen Gründen, die Aufgabe zu bewältigen, dann soll eine höhere Instanz helfend einschreiten, dies ist die positive Seite des Subsidiaritätsprinzip, allerdings am besten, ohne die Aufgabe gleich selber zu lösen.

2.4 Anwendungsbereiche der Subsidiarität

Die Subsidiarität lässt sich in verschiedene Anwendungsbereiche aufzuzählen. Da es eine Vielzahl von Anwendungsbereichen gibt zähle ich nur einen Teil auf, um einen kurzen Eindruck von den vielen verschiedenen Bereichen, in denen das Subsidiaritätsprinzip zum Einsatz kommt, zu verschaffen.

- *Zwischen einer überstaatlichen Gemeinschaft und ihren Mitgliedsstaaten (Maastrichter Vertrag)*

- *Zwischen dem Bundesstaat und seinen Gliedstaaten bzw. - im dezentralisierten Einheitsstaat - zwischen dem Staat und seinen Untereinheiten (Föderalismus- und Regionalismustheorie)*

- *Zwischen nichtstaatlichen Gemeinschaften wie Familie, Vereine, Genossenschaften, Religionsgemeinschaften usw. und Staat (Schwerpunkt der katholischen Soziallehre)*[6]

---

[5] http://www.europarl.europa.eu/factsheets/1_2_2_de.htm (Stand: 28.09.2010)
[6] http://socio.ch/demo/t_wbrucks.htm (Stand: 29.09.2010)

3. Subsidiaritätsprinzip in den europäischen Verträgen

3.1 Verträge und Verpflichtungen

Der Europäische Rat von Maastricht einigte sich im Dezember 1991 auf die konkrete Formulierung des Subsidiaritätsprinzips. Im Februar 1992 fand das Subsidiaritätsprinzip Einzug in den EG-Vertrag. In Artikel 5 (ex-Art 3b) des EG-Vertrages heißt es:

"Die Gemeinschaft wird innerhalb der Grenzen der ihr in diesem Vertrag zugewiesenen Befugnisse und gesetzten Ziele tätig. In den Bereichen, die nicht in ihre ausschließliche Zuständigkeit fallen, wird die Gemeinschaft nach dem Subsidiaritätsprinzip nur tätig, sofern und soweit die Ziele der in Betracht gezogenen Maßnahmen auf Ebene der Mitgliedstaaten nicht ausreichend erreicht werden können und daher wegen ihres Umfangs oder ihrer Wirkungen besser auf Gemeinschaftsebene erreicht werden können. Die Maßnahmen der Gemeinschaft gehen nicht über das für die Erreichung der Ziele dieses Vertrages erforderliche Maß hinaus." [7]

Der gesamte Artikel 5 (ex-Art 3b) beschreibt in dieser Formulierung das gemeinschaftliche Subsidiaritätsprinzip. Die Stellung des Artikels 5 (ex-Art 3b) im Vertragswerk unterstreicht die große und fundamentale Bedeutung, die dem Subsidiaritätsprinzip für die Gemeinschaft zukommt. Das Subsidiaritätsprinzip ist zu einer wichtigen und tragenden Säule der Europäischen Union geworden. Außerdem dient das Subsidiaritätsprinzip nicht nur der Erhalten der Eigenständigkeit der gesamten EU-Staaten, es hilft auch, ein Stückchen der „EU-Bürokratie" abzubauen.

Die Europäische Kommission muss, bedingt durch das in den Verträgen verankerte Subsidiaritätsprinzip, bei jeder Gesetzesinitiative beweisen, dass die jeweilige Aufgabe besser von der Europäischen Kommission gelöst werden kann als von den jeweiligen Regionen oder die Mitgliedstaaten. Der Vertrag von Amsterdam enthält im so genannten „Subsidiaritätsprotokoll"[8] einige rechtlich verbindliche genauere Angaben für die Anwendung des Subsidiaritätsprinzips. Damit das Handeln der Europäischen Union gerechtfertigt ist, müssen immer zwei Bedingungen erfüllt sein:

- *Die Ziele der Maßnahmen können nicht ausreichend durch die Mitgliedstaaten erreicht werden.*

- *Sie können daher besser durch Maßnahmen der Gemeinschaft erreicht werden. Die Kommission muss künftig begründen, ob diese Voraussetzungen gegeben sind. Gleichzeitig wird klargestellt, dass Maßnahmen der Europäischen Union den Mitgliedstaaten so viel Raum lassen müssen wie möglich.* [9]

---

[7] Vertrag über die Europäische Union und der Vertrag zur Gründung der Europäischen Gemeinschaft in einer synoptischen Gegenüberstellung von 1987 bis 2003, herausgegeben von Antonius Opilio, 2003
[8] Subsidiaritätsprotokoll: Protokoll über die Anwendung der Grundsätze der Subsidiarität und der Verhältnismäßigkeit
[9] http://www.eu-info.de/europa/6326/ (Stand: 03.10.2010)

Das Subsidiaritätsprinzip sichert einem untergeordneten Glied gegenüber einem übergeordneten Glied oder gegenüber der Zentralgewalt ein bestimmtes Maß an Unabhängigkeit zu. So kommt es zu einer Aufteilung von Zuständigkeiten zwischen verschiedenen Machtebenen, ein Prinzip, welches die Grundlage von Bundesstaaten bildet.

Im Rahmen der Europäischen Gemeinschaft bedeutet das Subsidiaritätsprinzip, dass die Mitgliedstaaten die Aufgaben behalten bzw. erhalten, die sie selbst am wirksamsten erledigen können. Falls dies nicht der Fall ist kümmert sich die nächste höhere Instanz, also die Europäische Gemeinschaft, um die Aufgaben.

Nach Artikel 5 (ex-Art. 3b) II EGV gilt für ein einschreiten der Europäischen Gemeinschaft unter Anwendung des Subsidiaritätsprinzips drei Voraussetzungen:

- *Es darf sich nicht um einen Bereich ausschließlicher Zuständigkeit der Gemeinschaft handeln.*

- *Die jeweiligen Ziele der in Betracht gezogenen Maßnahmen können auf der Ebene der Mitgliedstaaten nicht ausreichend erreicht werden.*

- *Die Maßnahmen können daher wegen ihres Umfangs oder wegen ihrer Wirkungen besser durch ein Tätigwerden seitens der Gemeinschaft verwirklicht werden. Die Reichweite des Subsidiaritätsprinzips erschließt sich aus zwei Blickwinkeln: In Bereichen, in denen der Gemeinschaft durch den Vertrag eine - mit den Mitgliedstaaten geteilte - Zuständigkeit zugewiesen ist, wirkt das Subsidiaritätsprinzip als Maßgabe für die Wahrnehmung dieser Zuständigkeit (Kompetenzausübungsschranke). In Bereichen, in denen der Gemeinschaft der Vertrag keine Zuständigkeit zuweist, eröffnet auch das Subsidiaritätsprinzip keine zusätzlichen Kompetenzen (keine Kompetenzzuweisung).*[10]

Die Aufgaben die der Europäischen Gemeinschaft zugewiesen werden, werden durch die folgende Organe wahrgenommen:

- ein Europäisches Parlament

- eine Kommission

- einen Gerichtshof

- einen Rechnungshof

Jedes dieser erwähnten Organe handelt nach Maßgabe, die aus dem Vertrag entnommen werden können.

---

[10] http://www.eu-info.de/europa/6326/ (Stand:03.10.2010)

3.2 Reichweite des Subsidiaritätsprinzips

Die Reichweite des Subsidiaritätsprinzips kann man aus zwei Blickwinkeln sehen. In Bereichen, in denen die Europäischen Gemeinschaft durch den Vertrag zugewiesene Zuständigkeit, diese wird mit den Mitgliedsstaaten geteilt, besitzt, wirkt das Subsidiaritätsprinzip als eine Art Maßgabe für die Wahrnehmung dieser Zuständigkeit. Es handelt sich dabei um eine sogenannte Kompetenzausübungsschranke. Andererseits eröffnet das Subsidiaritätsprinzip keine weiteren Kompetenzen, wenn nicht ausdrücklich die Zuständigkeit der Europäischen Gemeinschaft in den Verträgen gefordert ist.

3.3 Neuerungen durch den Vertrag von Amsterdam

Ohne den Wortlaut der Subsidiaritätsregelung in Artikel 5 (ex-Art. 3b) in irgendeiner Weise zu verändern, ist durch den Vertrag von Amsterdam das «Protokoll über die Anwendung der Grundsätze der Subsidiarität und der Verhältnismäßigkeit» in das Europäische Vertragswerk eingefügt worden. Somit sind die Anwendungen des Subsidiaritätsprinzips größtenteils überprüfbar geworden.

Das Subsidiaritätsprinzip in Artikel 5 (ex-Art. 3b) unterscheidet in der Frage, wer für die Ausübung einer Kompetenz zuständig ist, lediglich zwischen der Ebene der Mitgliedstaaten und der Ebene der Europäischen Gemeinschaft. Das aber *„die Maßnahmen der Europäischen Gemeinschaft gemäß dem Subsidiaritätsprinzip nicht nur die Mitgliedstaaten betreffen, sondern auch deren Gebietskörperschaften, soweit diese nach nationalem Verfassungsrecht eigene gesetzgeberische Befugnisse besitzen"*[11], hat die man in Amsterdam genommen.

---

[11] http://www.europarl.europa.eu/factsheets/1_2_2_de.htm (Stand: 04.10.2010)

Literatur und Quellen

Internetquellen:

Subsidiarität, Dirk Reiner, URL: http://www.europa-reden.de/info/subsid.htm (Stand: 26.09.2010)

HanisauLand-Lexikon-Subsidiarität, Gerd Schneider und Christiane Toyka-Seid, URL: http://www.hanisauland.de/lexikon/s/subsidiaritaet.html (Stand: 26.09.2010)

Europäisches Parlament: Kurzdarstellung-1.2.2 Die Subsidiarität, Kein Autor angegeben, URL: http://www.europarl.europa.eu/factsheets/1_2_2_de.htm (Stand: 26.09.2010)

Subsidiarität, Werner Brucks, URL: http://socio.ch/demo/t_wbrucks.htm (Stand: 26.09.2011)

EU-Info.Deutschland-Subsidiarität, Kein Autor angegeben, URL: http://www.eu-info.de/europa/6326/ (Stand: 03.10.2010)

Literatur:

Quadragesimo Anno, Papst Pius XI, 15.05.1931 (Originalsprache: Italienisch)

Vertrag über die Europäische Union und der Vertrag zur Gründung der Europäischen Gemeinschaft in einer synoptischen Gegenüberstellung von 1987 bis 2003, Antonius Opilio, 2003